L'Architecture du moyen-âge à Ratisbonne, représentée par le dôme, l'église de Saint-Jacques, l'ancienne paroisse et quelques autres restes d'architecture allemande; publiée par Juste Popp, conducteur des travaux du roi de Bavière, et Théodore Bulau. Architecture gothique.

1839. Paris, Bance aîné. — Strasbourg, imp. de Levrault.

(Titre pris sur le T. de la Lib. — Liv. 1-3 — N'a pas été continué. — mq les planches.

2207.

L'ARCHITECTURE DU MOYEN AGE

A RATISBONNE.

INTRODUCTION.

L'ARCHITECTURE du moyen âge, quant à son origine, n'appartient à aucun peuple en particulier. Elle est la continuation du style grec, motivé par le caractère chrétien et occidental, et passant par diverses époques de transition, elle atteint enfin sa plus haute perfection dans le type gothique.

La forme de ses églises ne diffère sous aucun rapport de celle des anciennes basiliques de Rome et de toute l'Italie (imitations des temples grecs), et le principe de la nef, qui s'élève, et des bas-côtés, se trouve aussi bien dans les anciennes basiliques que dans les églises gothiques.

L'architecture prend, au treizième siècle, un caractère original. Elle se distingue par la couverture, pour laquelle on choisit la voûte en ogive, et par le soin que l'on mit à exécuter, avec la plus grande économie, cette couverture que le climat exigeait. Les architectes de ces édifices ne voulaient pas employer des matériaux superflus; ils n'exécutaient que le nécessaire d'après des règles strictement mathématiques, et c'est ainsi que leurs constructions devinrent plus savantes que toutes celles connues antérieurement.

La couverture des anciennes basiliques de l'Italie était d'un genre tout-à-fait différent. Dans les premiers temps, le solivage resta à découvert et les chevrons étaient visibles; puis, du solivage lambrissé, on composa un plafond en caissons par la division en compartimens égaux des solives principales par des soliveaux transversaux. Plus tard on y renonça de nouveau, et les chevrons qui reparaissaient furent employés à produire un ornement en forme de voûte, moyennant de petites pièces cintrées qui, fixées sur les chevrons et partant de leur ligne inférieure, en déviaient pour cacher les angles intérieurs de la ferme. Enfin on adopta pour la couverture des basiliques les voûtes plein-cintre.

Plus on s'éloigna, quant au genre de couverture, de la première imitation des temples grecs, ce qui exerça une influence considérable sur la disposition des murs, plus le style devint original; et comme le changement des soffites en voûtes plein-cintre se rencontre surtout à l'époque de l'empire grec, le style de cette période est appelé avec raison le byzantin. L'architecture grecque étant en décadence, elle alla se réfugier dans son ancien berceau ; néanmoins le siége du grec moderne en Égypte ne paraît pas avoir été sans influence sur le goût naissant.

Il ne faut point confondre le mauresque avec le byzantin; car la première dénomination indique la transformation que l'architecture grecque a subie parmi les Arabes, tandis que le dernier est la dégénération du style grec que les chrétiens trouvèrent lors de leur première invasion dans la Grèce déchue, et qu'ils gardèrent pendant long-temps.

L'église de S. Jacques à Ratisbonne, que nous avons l'intention de faire paraître dans cet ouvrage, est construite dans le style byzantin. La nef principale de cette basilique a un soffite, et les bas-côtés sont voûtés à plein-cintre. Tous les ornemens et les profils de cette église portent des empreintes qui prouvent à l'évidence leur origine grecque.

Le style byzantin, répandu par le zèle des Othons et le mouvement des croisades, resta long-temps le style prédominant, jusqu'à ce qu'il s'en développât le style gothique. Soit que ce fussent des progrès dans les sciences exactes, ou des études sur les exigences du climat, ou bien le désir de créer un style national, ou enfin toutes ces causes réunies, qui engagèrent les architectes de cette période de développement à rejeter les voûtes plein-cintre et les soffites, et à adopter pour couverture la forme de l'ogive, il nous suffit de savoir qu'ils le firent et qu'ils devinrent ainsi les fondateurs de l'architecture gothique. Par la suppression des soffites dans la nef principale, la diminution des murs fut rendue possible et nécessita la création de piliers extérieurs, pour résister à la pression latérale produite par les voûtes remplaçant le soffite. C'est ainsi que se fit le pas principal vers le changement de la forme des anciennes basiliques en celle des églises du treizième siècle.

L'Allemagne ne manque pas de vestiges d'architecture provenant de cette période de développement, et l'on peut en appeler le style, style de transition.

Les cahiers de notre ouvrage qui contiennent des monumens de ce style, tels que l'église de l'ancienne paroisse et l'ancien cloître du couvent de S. Emmerau à Ratisbonne, donneront des preuves évidentes de la vérité de ce que nous avons avancé sur la naissance de l'architecture gothique. Les deux édifices

que nous venons de nommer ont, quoique construits en ogive, des ornemens
de caractère byzantin, et à l'ancienne paroisse on voit des ornemens gothiques
avec une nef principale couverte en soffite, ainsi que des voûtes en ogive et
plein-cintre avec des piliers extérieurs et des chapiteaux byzantins.

Le style de transition commença sans doute déjà avec le dixième siècle, et
s'éteignit avec le treizième, où par d'heureuses circonstances, surtout par la
prospérité des villes, l'exécution des dômes et des grandes cathédrales devint
possible, et l'architecture gothique se montra dans sa forme la plus originale
et la plus belle.

Déjà au commencement du treizième siècle on poursuivait avec ardeur
l'idée que l'on avait conçue de remplacer les genres de couvertures plus
anciens des nefs d'églises par des voûtes en ogive. Les soffites et les voûtes
plein-cintre, qui étaient d'abord en usage, disparurent entièrement. Plus les
voûtes en ogives s'élevaient avec hardiesse, plus il fallait songer à renforcer
les piliers extérieurs, puisque ce n'est que par ceux-ci que les premières acquer-
raient la solidité nécessaire. Pour obtenir une pression exercée verticalement
sur ces piliers, on éleva ces derniers à une hauteur superflue en apparence,
et l'on forma avec leurs toits prolongés ce grand nombre de petites tou-
relles, qui sont un des ornemens principaux de l'architecture gothique. C'est
de la même manière que se formèrent les grands arcs-boutans extérieurs, qui,
pour empêcher la poussée des voûtes de la nef principale, commencent à la
naissance de ces voûtes et s'élancent par-dessus les toits des bas-côtés, en se
mariant avec les piliers du mur extérieur, où ils sont employés comme égouts
et font la beauté originale et indispensable de cette architecture.

Ainsi que les Grecs imprégnèrent à l'art égyptien le sceau de la liberté
et de la victoire, de leur noble origine et de leur ciel serein, ainsi les Ger-
mains, d'origine pure et libres comme eux, relevèrent avec énergie l'art grec,
qui dégénérait, et le répandirent par leurs victoires dans toute l'Europe, en
le soumettant aux caprices de leur goût hardi.

Il suffit de ce que nous avons dit sur la naissance des principales origi-
nalités de l'architecture gothique. Les auteurs de cet ouvrage abandonnent
au jugement du public compétent en architecture la question de savoir si
leurs manières de voir sont justes, et publient, à cet effet, leurs dessins par
le tracé, desquels ils acquirent peu à peu ces convictions.

Tout l'ouvrage sera composé de dix cahiers, dont chacun contient quatre
feuilles au moins. Six de ces cahiers représenteront le style d'architecture
gothique, tel qu'on le voit au dôme de Ratisbonne ; deux autres seront con-

sacrés au style de transition, et représenteront l'ancienne paroisse et les cloîtres de S. Emmerau; et dans deux autres, enfin, l'on verra le style byzantin par la publication de l'église de S. Jacques.

Quoique les éditeurs de cet ouvrage soient disposés à admirer l'architecture gothique partout où elle se présente dans sa perfection, ils se plaisent à signaler cependant le dôme de Ratisbonne comme une des plus belles et des plus merveilleuses constructions à l'achèvement desquelles la pieuse activité de générations entières ne put suffire.

La forme, les proportions et les ornemens de ce dôme, respirent la magnificence, la raison, la force et la nationalité; il est exécuté avec un art parfait, avec soin, dévouement et une hardiesse capricieuse, et cachant le nom de ceux qui l'érigèrent, il achève de caractériser l'esprit allemand.

Le connaisseur le plus scrupuleux chercherait en vain une origine étrangère aux détails de ce monument, calculé pour notre climat, orné du feuillage de nos forêts, des fleurs, des fruits et des animaux de notre pays, des traditions de notre religion et de notre histoire, et ce n'est que dans la beauté de l'ensemble que l'on peut reconnaître l'origine grecque du style gothique. Le peuple s'aide de démons et de sortilèges pour expliquer l'exécution de ses dômes, et nous serions presque obligés d'en faire autant, si nous ignorions l'existence de cette association des maçons, qui traversaient les pays comme une armée courageuse, paisible et pleine d'art, se reposant où de riches villes et des couvens les appelaient, et ne gagnant pas leur pain quotidien à la sueur de leur front comme des ouvriers ordinaires, mais en se soutenant réciproquement d'une joyeuse adresse, d'un œil et d'un esprit fraternel dans l'exécution de l'idée des maîtres.

Des travaux qui duraient depuis des siècles, avaient élevé cette génération. Une grande famille d'hommes nés artisans, une petite république avec des lois qui lui étaient propres, s'éleva bien au-dessus de la routine ordinaire; ayant devant eux une existence assurée pour toute la vie, ils furent sans soucis, pieux, réfléchis par caractère national, soigneux, d'une patience inconcevable et d'un zèle consciencieux; et que l'on ne s'étonne plus alors si chacun devint un maître en petit, avec lequel les grands maîtres durent nécessairement produire autre chose que des pyramides, que chaque tyran peut élever à l'aide d'esclaves et d'animaux.

C'est ainsi que s'explique l'exécution des monumens qui, érigés comme par magie, attestent une culture et un perfectionnement étonnans du sentiment, de l'œil et de la main de tous ceux qui y ont aidé, et leur fait supposer une admirable aptitude à saisir l'ensemble d'un seul coup d'œil, et à ne se trouver embarrassés d'aucun accident ordinaire ou extraordinaire.

Ajoutez à cela, que le caractère dominant du style d'alors était devenu familier à tous les arts et métiers qui concouraient aux nombreuses constructions. C'est pourquoi les cathédrales s'élevèrent comme des fleurs gigantesques, réunissant la richesse à l'harmonie, la durée éternelle au caractère aérien, paraissant être le jouet des vents, quoique colossales; enfin, c'est ainsi que chaque détail put porter l'empreinte d'un soin incroyable.

PREMIER CAHIER.

DOME DE RATISBONNE.

(Architecture allemande.)

A l'endroit où fut incendiée l'ancienne cathédrale, l'évêque Léon Dundorfer, patricien et fils d'un bourgeois de Ratisbonne, posa la première pierre du dôme actuel le soir de la Saint-George, 1275, et le consacra à S. Pierre.

Les chroniques nomment comme architectes : André Egl, Henri Zehnter, Henri Durnstetter, Fréderic Speiset, Thomas Rorizer, qui dirigea la construction de l'église de S. Laurent à Nuremberg, et fut consulté pour l'église de S. Étienne à Vienne; Conrad Rorizer et Wolfgang Rorizer, qui fut décapité avec le sculpteur Loy coupable de sédition.

Il se trouve dans le dôme plusieurs dates, qui indiquent l'achèvement de parties isolées, par exemple : au pilier oriental, 1448; au mur intérieur près de la chapelle de Ste. Marie, 1464; au-dessus du portail principal, 1482, et à la petite tour de devant, 1486, époque à laquelle l'édifice avait atteint sa forme actuelle dans ses principales parties.

On continua bien encore à bâtir pendant long-temps. Sur une ancienne gravure sur bois de 1493, on voit encore les échafaudages qui ont servi à l'érection du monument. Les chroniques nomment un architecte, qui dirigea les travaux en 1514, et en 1618 l'évêque Albert IV, comte de Thoring, acheva la voûte.

En 1634, trois cent cinquante-neuf ans après le commencement des travaux, les constructions furent entièrement suspendues.

Il y a quelque temps que l'on trouva à Ratisbonne deux plans, dessinés sur du parchemin, d'après lesquels le dôme est exécuté avec quelques changemens essentiels.

Les éditeurs en fourniront des copies exactes dans la suite de leur ouvrage.

Une description plus ancienne de cet édifice se trouve dans la préface de *Thesaurus novus juris ecclesiastici*, par Maier, T. IV, dont les graveurs, Melchior Kusel et Martin Engelbrecht, firent paraître des dessins à Augsbourg, l'an 1655.

Dans l'histoire de la construction du dôme, la réunion d'architectes allemands à Ratisbonne, le jour de Saint-Marc de l'année 1459, est un événement remarquable; on y délibéra sur l'organisation des loges dans les différentes provinces allemandes, sur la question de reconnaître la loge principale à Strasbourg, ainsi que sur les signes et le salut du métier, ce qui doit avoir donné lieu à la première idée de l'ordre des francs-maçons. (Voy. Chronique de Ratisbonne, par S. Gemeiner; — Histoire de Ratisbonne, par Gumpelsheimer; Ratisbonne, 1830; — Grandidier, Essais historiques sur l'église cathédrale de Strasbourg.)

PLANCHE Ire

Plan.

Le dôme de Ratisbonne est construit, ayant les quatre côtés tournés vers les quatre régions du ciel, le chœur vers l'Orient. Pour expliquer cette planche, qui doit donner un aperçu de la forme générale du dôme, nous reportons nos lecteurs à ce que nous avons déjà dit dans la préface sur la formation des églises allemandes en général.

Les lettres indiquées dans le plan ont la signification suivante :

A, B est la ligne suivant laquelle la coupe vers l'Occident, qui paraît dans la première livraison, a été tracée. En J est la chapelle, dont la forme et la construction sont exposées par la planche cinquième de ce premier cahier. La coupe vers l'Orient est faite suivant la ligne C, D, E, F, et G, H indiquant la coupe suivant l'axe principal. En K se trouve la chaire; cette dernière, ainsi que les coupes que nous venons de nommer, paraîtront dans une prochaine livraison.

PLANCHE II.

Détails de la planche précédente sur une plus grande échelle.

a) *Portail principal.* La partie de ce portail par laquelle on entre immédiatement dans l'église, consiste en deux ouvertures de portes, séparées par un pilier dont la hauteur paraît être calculée sur celle des bannières, avec lesquelles on entrait lors des processions. L'embrasure de la porte consiste en trois grandes gorges, dans lesquelles sont encastrés des deux côtés des piédestaux hexagones qui forment, avec les figures qui y sont placées, la hauteur de l'embrasure jusqu'à la naissance de la voûte; les baldaquins qui recouvrent ces figures, servent de nouveau de piédestaux à d'autres figures, et de petites chapelles et des figures remplissent alternativement les gorges, qui se prolongent en ogives.

Pour diviser la pieuse multitude accourant avec empressement, pour abriter ceux que l'église ne pouvait contenir, on a élevé à une distance convenable, et dans l'axe des portes proprement dites, un pilier, duquel s'élancent à droite et à gauche des arcs qui vont rejoindre les angles les plus saillans des embrasures, et forment ainsi deux grandes portes, qui supportent en même temps le couronnement principal du portail.

La figure désignée sur cette feuille par la lettre *b*, représente un des piédestaux susmentionnés, encastrés dans les gorges avec le profil des moulures qui séparent ces dernières. La figure *c* représente sur une plus grande échelle une partie de l'embrasure intérieure de la porte, et la partie du pilier placé devant le portail principal, qui n'est que contourée, doit donner une idée des principes d'après lesquels les architectes de ces temps-là disposaient les différentes parties saillantes ou rentrantes de la masse principale, et comment ils tâchaient d'en décorer la forme primitive.

Le plan du grand portail du côté du Sud, *e*, est tracé d'après des divisions semblables entre elles, et si quelquefois dans cet ouvrage ces divisions ne sont pas indiquées dans les différens plans de détails, c'est parce que les éditeurs n'ont pu les découvrir, et non que les anciens architectes ne les aient pas observées. *f*, *g* et *h* sont les plans de trois colonnes dans l'église; *f* représente la première à gauche, et *g*, *h*, la première et la seconde à droite. L'une des moitiés de chacune de ces trois colonnes est dessinée avec les profils du piédestal, et l'autre de manière à faire voir la forme que prennent les moulures détachées de la colonne, au-dessus du chapiteau, pour se réunir comme nervures à la clef de la voûte. L'élévation de ces colonnes avec les profils de leurs piédestaux et de leurs chapiteaux suivra dans la prochaine livraison sur l'architecture gothique.

PLANCHE III.

Élévation du portail principal.

PLANCHE IV.

Coupe sur la ligne A, B. (*Voy. le portail principal.*)

PLANCHE V.

Chapelle désignée sur le plan par la lettre J.

Cette petite chapelle, la plus belle de celles qui se trouvent dans le dôme, est formée par une voûte qui repose sur deux piliers détachés et deux pilastres. La forme des piliers, composés chacun de trois colonnes accouplées, dont deux forment en quelque sorte les angles de la chapelle, et la troisième le contrefort de la voûte, motive le principal ornement de ce petit monument d'architecture allemande. Sur les contreforts sont placées deux figures, qui sont garanties par une espèce de baldaquin, qui paraît si fréquemment dans l'architecture gothique, que le dessin en sera bien-venu, sans aucun doute, à chaque architecte. Ce baldaquin, en forme d'une petite voûte hexagone avec des murs renforcés par des contreforts, aux endroits qui paraissaient l'exiger, se termine par un toit en forme de tourelle, comme on le voit à cette chapelle, ou bien par une dalle. Quelquefois ce couronnement sert de nouveau de piédestal à d'autres figures. Ce dernier cas se présente dans les grandes niches du portail principal.

La fig. 1.re indique le plan de ce couronnement, la fig. 2 en est l'élévation, et la fig. 3 la coupe sur *a, b*. Par les figures 4, 5 et 6, l'on donne le plan, l'élévation et la coupe; sur *c, d*, la chapelle entière. La fig. 7 est le plan des colonnes détachées coupées par le fût; la fig. 8 en donne la coupe au-dessus des chapiteaux avec les nervures de la voûte, et les figures 9 et 10 représentent l'élévation des colonnes.

La fig. 11 est la vue sur la tourelle, et sert surtout à expliquer la couronne qui la termine si fréquemment; fig. 12 est la coupe sur *e, f;* fig. 13 et 14, le plan et l'élévation du piédestal des statues, et 15 et 16, les profils des nervures des voûtes. Les autres objets qui se trouvent sur cette planche, n'ont pas besoin d'autre explication. Le plan, l'élévation et la coupe de la chapelle, sont dessinés au 75.e de l'exécution, et les autres détails relatifs à l'architecture, au 10.^e